AF268248

LES CAUSES

DE

NOS MALHEURS

ET LES

MOYENS D'Y REMÉDIER

Par Joachim **MILMERT**

SECONDE ÉDITION

Prix : 10 cent.

LYON

LIBRAIRIE JACQUES LECOFFRE
Ancienne maison Perisse frères de Lyon
LECOFFRE FILS ET Cie, SUCCESSEURS
2, RUE BELLECOUR, 2.
1871

Lyon, Imprimerie de Jules Rossier, rue Mercière, 47.

AUX LECTEURS.

La première édition de ces quelques pages s'est rapidement écoulée, malgré les fautes assez nombreuses qui altéraient le sens de plusieurs passages. Puisque ces taches n'ont pas rebuté la bienveillance des lecteurs, on ose compter sur leur zèle à répandre ce petit mémoire dont on leur offre une édition plus soignée.

Quelques traits ont été adoucis, quelques expressions abstraites remplacées par de plus claires. Certaines vérités, que notre malheureuse éducation et nos préjugés ont obscurcies davantage, gagneraient sans doute à être exposées avec plus de développements; mais, comme il faudrait un livre pour satisfaire aux demandes qui nous sont parvenues à cet égard, nous renvoyons le lecteur studieux à M. de Maistre pour les questions providentielles : *Les délais de la justice divine* et *Les soirées de St-Pétersbourg* les traitent admirablement. Ceux qui tiendraient à s'éclairer sur les vices du Code Napoléon, relativement aux lois testamentaires, peuvent consulter la belle étude qu'en a faite M. Paul Sauzet dans son livre : *Rome devant l'Europe*. Ce jurisconsulte, plein de savoir et de mesure, n'a pas tout dit sur cette question vitale pour une nation, mais il en a dit assez pour inquiéter le dernier gouvernement : les journaux officieux reçurent l'ordre de garder le silence sur ces révélations désagréables à la dynastie révolutionnaire.

Enfin le compte-rendu d'une séance à l'académie des sciences est venue justifier nos réflexions sur l'Université. MM. Sainte-Claire Deville, le général Morin, Dumas, Mathieu en ont solennellement condamné l'organisation comme funeste à la science et au progrès par les obstacles mis à la concurrence, par l'arbitraire qui préside à la direction des études, par les résultats déplorables que l'expérience a constatés. Ils ont demandé aux applaudissements de leurs collègues qu'on en revienne au plus tôt à la liberté *comme avant la première révolution* et qu'on s'affranchisse *du régime qui nous écrase dequis quatre-vingt ans* (textuel).

L'auteur renouvelle sa première déclaration : sa franchise n'est pas le dénigrement, son travail montre assez qu'il croit à une régénération prochaine de la France et à des destinées encore glorieuses pour elle. La fille aînée de l'Eglise devait être châtiée la première : les autres nations, ses sœurs, sont loin d'être innocentes, elles auront leur tour, et la Prusse, sa sœur illégitime par l'origine, verra sans doute avant une génération ce que lui réserve le *Dieu justicier* qu'elle invoquait naguère contre nous.

CAUSES DE NOS MALHEURS

ET LES

MOYENS D'Y REMÉDIER

Le malheur rend injuste parfois : s'il atteint certaines proportions, il exaspère l'homme sans croyances, il réduit au désespoir les populations peu éclairées qui ont perdu les véritables notions de justice et de châtiment, de miséricorde et d'expiation.

Les foules éperdues s'en prennent à la Providence, l'accusent, par ignorance de ses lois, et la mettent en question au moment même où elle se révèle avec le plus d'évidence. Alors, au lieu de courber la tête, on la relève contre le ciel avec une impiété stupide, on aggrave son mal, on se rend impossibles l'espérance et la résignation qui ennoblissent l'infortune, en tempèrent la rigueur, en abrégent la durée. Rien de navrant comme le blasphème dans le malheur, rien de triste comme d'entendre murmurer au sein d'une nation chrétienne : *Qu'ai-je fait à Dieu pour me traiter ainsi ?*

Tout le monde n'étant pas obligé de savoir tout ce que la philosophie religieuse enseigne sur la justice de Dieu, la solidarité, le rôle et la mission de chaque peuple, nous croyons faire acte de bon citoyen en recueillant ce qui se dit un peu partout, mais pas assez haut, sur les causes de nos calamités. Le réveil de ces notions est déjà par lui-même un bon signe.

Laissons de côté la thèse générale et ce que ces notions peuvent avoir d'abstrait pour les intelligences étrangères à la philosophie. Il nous semble qu'on peut poser en principe :

1º Que la *culpabilité* des individus n'est pas ordinairement châtiée en ce monde, à moins que la faute ne comporte nécessairement l'infamie, la ruine, la maladie avec une mort prématurée. Dieu rendra plus tard à chacun selon ses œuvres;

2º Que la *culpabilité* de la famille, comme famille, reste rarement impunie pendant longtemps. Le désordre et l'irréligion, le luxe ou une sordide avarice y introduisent tôt ou tard le déshonneur, la désunion et la misère ;

3º Que la *culpabilité* d'une ville, d'une province, mais surtout d'une nation, comme nation, est toujours punie dans le temps. Toutefois, la vie des nations étant de beaucoup plus longue que celle des individus et même que celle des familles, il ne faut pas s'étonner que le châtiment paraisse trop en retard sur la faute.

Que faut-il entendre par fautes nationales ?

Sans nul doute les suivantes :

L'adoption de lois en opposition avec le droit naturel, ou la loi de Dieu positive ; dans un peuple catholique, le maintien d'institutions contraires aux institutions de l'Eglise ; les mœurs vicieuses, quand on peut sans calomnie les attribuer à la majorité de la population, ou du moins à une portion assez forte des individus qui la composent ; les violations du droit international ratifiées et même simplement tolérées sans protestation suffisante contre un gouvernement coupable ; les injustices criantes ou les scandales énormes, s'ils restent impunis ; enfin, la perversion ou l'abandon du culte divin.

Voilà ce que la Providence ne laisse jamais impuni, et si les châtiments se font attendre, ils n'en sont que plus terribles.

Quand le jour de l'expiation arrive, ou la nation coupable s'y soumet et s'amende, alors elle guérit, parce que Dieu a fait les nations guérissables comme les individus, elle refleurit et prospère ; ou bien la nation méconnaît la main paternelle qui la frappe, s'aveugle et s'endurcit irrémédiablement : alors elle dépérit, elle déchoit de son rang, elle est absorbée par une autre ou s'éteint misérablement. Elle a été infidèle à sa mission et, dans le plan divin, elle n'a plus sa raison d'être. Ces données sont incontestables, puisqu'elles reposent sur la raison, l'histoire et la Foi.

Or, à ce compte, rien ne doit surprendre dans les malheurs inouïs qui nous accablent, malheurs mérités, pressentis depuis plus de dix ans en Italie, en France, et surtout en Allemagne ; malheurs prédits par la presse catholique, et plus d'une fois à la tribune publique. Que de gens ont été prophètes sans le savoir et bien au-delà de leurs tristes pressentiments.

Les fautes ont été nombreuses, quelques-unes énormes. Nous avons péché contre Dieu, contre la nature, contre le droit des gens, contre l'Église, la société et nous-mêmes. Faut-il donc s'étonner si l'expiation est grande, générale, si variée dans ses formes que nul n'y échappe ? Ne faut-il pas qu'elle soit en rapport avec l'étendue et la variété du mal ?

Nous laissons encore de côté les causes moins immédiates du châtiment, et qu'il faut rapporter à notre législation anti-chrétienne, à ce que les principes de 89 ont de vicieux et de subversif; car l'arbre mauvais devait, en grandissant, donner un jour tous ses fruits de ruine et de mort que nous recueillons; mais le moment n'est pas venu d'aborder ce triste sujet, nous ne serions pas encore compris. Nous nous bornons à indiquer les causes plus immédiates où tout homme de bon sens peut discerner le crime et la rétribution. Que l'on se donne la peine de consulter le tableau suivant, et que l'on dise si la divine Providence, invisible aux aveugles volontaires, s'est jamais manifestée avec autant d'éclat.

Loin d'ici toute illusion, il faut avoir la franchise et le courage de sonder ses plaies.

Eh bien! étions-nous encore un peuple vraiment religieux? Qui oserait l'affirmer? L'indifférence nous envahissait tous les jours, et la pratique ne se maintenait qu'avec peine dans les pays protégés par leur isolement ou défendus par une foi plus enracinée et plus éclairée; ailleurs, elle devenait le partage du petit nombre ou était reléguée dans les couvents. Dans combien de diocèses le devoir pascal, devoir de stricte rigueur, n'était presque plus rempli par les hommes! Une contrée où le 5 p. % y satisfait encore vaille que vaille est-elle une contrée foncièrement religieuse? Ailleurs la proportion est plus forte, elle va jusqu'au 10, au 15, au 20 p. % ; mais, à part 10 ou 12 départements, elle ne va pas au-delà du 50 p. %. Tout le reste est à l'avenant. Le dimanche, encore respecté des protestants de Suisse, d'Allemagne et surtout d'Angleterre,

était généralement violé. On pourrait nommer des diocèses, où, même à la campagne, on ne voyait pas dix
personnes aux offices dans un bon nombre de paroisses.
On s'affranchissait de Dieu, on le mettait de côté, on
ne venait presque plus à l'Eglise qu'à l'occasion des
mariages et des sépultures ; le respect humain exer-
çait une tyrannie si dégradante que l'on ne rougissait
bientôt plus que de Dieu. Notre impiété scandalisait
jusqu'à l'infidèle. En plusieurs villes les manifestations
extérieures du culte, qui se produisent paisiblement
à Constantinople, étaient devenues impossibles.

Que l'on ne nous accuse pas d'exagération : si l'on
veut y regarder de près, on se convaincra que la mi-
norité seule restait fidèle à la pratique religieuse. Les
œuvres catholiques de France, nos missions, nos couvents contribuaient à l'illusion en nous dissimulant le
mal sous un brillant vernis. Où devait nous conduire
tant d'illusion et d'ignorance, un oubli si général de
nos devoirs envers Dieu ? A des désordres plus grands
que ceux qui bouleversèrent l'Europe au temps de la
Renaissance ou après le siècle de Voltaire. Les mêmes
causes produisent les mêmes effets ; l'histoire est là
pour l'attester et pour vérifier, à travers les âges, les
promesses et les menaces du Très-Haut, tout ce que
l'Ecrivain sacré a consigné au chapitre 26e du Lévi-
tique.

I.

« Gardez mes jours de repos, révérez mes sanc-
« tuaires. Je suis le Seigneur.

« Si vous marchez dans mes préceptes, si vous gar-

« dèz mes commandements et leur êtes fidèles, je vous
« donnerai les pluies en leur temps.

« La terre germera, les arbres se chargeront de
« fruits, la vendange suivra de près la moisson, et la
« moisson la vendange. Vous mangerez votre pain jus-
« qu'à rassasiement, vous habiterez votre terre sans
« crainte.

« Je donnerai la paix à vos frontières. Vous repose-
« rez et nul ne viendra troubler votre sommeil. Je
« vous délivrerai des animaux nuisibles ; le glaive ne
« franchira pas vos confins.

« Vous poursuivrez vos ennemis, ils tomberont de-
« vant vous.

« Cinq des vôtres poursuivront cent étrangers ; et
« cent d'entre vous , dix mille ennemis. Vos ennemis
« tomberont à vos yeux sous votre glaive.

« Je vous regarderai favorablement, *je vous ferai*
« *croître : vous vous multiplierez, et j'affermirai*
« *mon pacte avec vous.*

« Vous vous nourrirez de ce qui sera d'une exquise
« maturité. Vous abandonnerez le reste aux passants.

« *Je placerai mon tabernacle au milieu de vous*
« *et mon cœur ne vous rejettera pas.*

« *Je marcherai au milieu de vous, je serai votre*
« *Dieu et vous serez mon peuple...*

« Que si, au contraire, vous ne m'écoutez pas, si
« vous ne portez pas tous mes commandements ;

« Si vous dédaignez mes lois, si vous méprisez mes
« jugements, si vous ne faites pas ce que j'ai établi, et
« si vous annulez mon alliance :

« Voici ce que je ferai : je vous visiterai prompte-
« ment par la disette, par une sécheresse qui consu-

« mera vos yeux et vos forces. Vous sèmerez en vain
« ce qui sera dévoré par vos ennemis.

« Je vous opposerai ma force et vous tomberez de-
« vant vos ennemis. Vous subirez la domination de
« ceux qui vous haïssent, vous fuirez avant même
« qu'on vous poursuive.

« Que si vous ne voulez pas encore m'obéir, j'aggra-
« verai sept fois plus encore le châtiment de vos
« péchés.

« Je briserai votre orgueil indomptable. Je vous
« donnerai un ciel de fer et une terre d'airain.

« Vous vous consumerez de travaux inutiles, la terre
« vous refusera ses plantes, et les arbres leurs fruits.

« Si vous marchez encore contre moi, et refusez de
« m'écouter, je porterai vos plaies au sextuple à cause
« de vos péchés.

« …. Je marcherai contre vous, je vous frapperai
« sept fois pour vos infidélités.

« J'amènerai sur vous le glaive vengeur de mon al-
« liance violée. Si vous vous réfugiez dans les villes,
« j'enverrai la peste au milieu de vous, et vous serez
« livrés aux mains de vos ennemis.

« Je détruirai vos monuments et vos statues. Vous
« tomberez parmi les ruines de vos idoles. Mon cœur
« vous aura en abomination,

« Au point de réduire vos villes en solitude et de
« rendre vos sanctuaires déserts : le suave encens n'y
« fumera plus.

« Je bouleverserai votre pays. Vos ennemis eux-
« mêmes en seront stupéfaits.

« Jusqu'à ce que les fils d'Israël confessent leurs
« iniquités et les prévarications de leurs ancêtres. »

Que l'on fasse au temps présent l'application de ces promesses et de ces terribles menaces, dont nous ne citons qu'une partie, et que l'on ouvre enfin les yeux, pour tarir cette première source de nos malheurs. Donnons à notre malheureux pays une physionomie chrétienne, par le respect du saint jour. Cessons enfin de nous dégrader au-dessous de l'hérétique, fidèle observateur du dimanche, du juif et du musulman qui respectent encore leur sabbat et leurs fêtes, et qui ne rougissent pas de leur Dieu.

Revenons à la sanctification du jour réparateur de l'âme et du corps par le repos et la prière, conservateur de l'aisance et de la prospérité, par la bénédiction d'en Haut. Hélas ! nous n'avons pas besoin de provoquer encore la justice de Dieu ; il ne nous faut pas moins que toutes ses bénédictions pour échapper à la misère, à laquelle tant de pauvres gens vont être condamnés.

II.

Le Français ne respecte pas assez le dimanche, le Français respecte encore moins le saint nom de Dieu, que le protestant Leibnitz ne prononçait qu'en se découvrant : le Français blasphème.

Chose étrange ! la formule coupable, stupide qui retentit dans nos casernes et nos carrefours, est l'un des tristes fruits de la Révolution. Elle était inusitée avant 89. Elle a tellement passé dans nos habitudes, que nos voisins l'appellent le *blasphème français* pour le distinguer des autres jurements en usage parmi eux. Pour peu qu'elle se vulgarise, elle sera le blasphème international.

Le Français blasphème au foyer domestique, dans la rue, sur les routes, à la campagne , dans nos pauvres armées. Celui qui écrit ces lignes a vu le soldat de près, il a partagé quelque temps ses fatigues et ses épreuves, il a vécu au milieu de ses chefs. Eh bien ! il en fait le douloureux aveu, nos armées insultaient leur Dieu, parfois au milieu des dangers, en face de la mort.

Le Français blasphème surtout par la presse , dans ses livres et ses journaux.

Voltaire que Paris couronna , Voltaire que Paris vient d'élever à une sorte d'apothéose, Voltaire a donné le précepte et l'exemple du blasphème littéraire. Pendant un demi-siècle, il projeta sa bave satanique contre tout ce que nous adorons et vénérons : Dieu , son Verbe incarné, qu'il haïssait avec frénésie, la religion, son culte, ses gloires, ses ministres... Et il trouva des lecteurs parmi nous, et il put se faire une grosse fortune de son impiété. Pas une protestation vraiment nationale ne s'est élevée contre le salisseur de Jeanne d'Arc, l'adulateur du Prussien, l'insulteur de Dieu et de son peuple. Loin de là, nous avons continué son entreprise, aussi sotte que diabolique, car , pour le dire en passant, nul plus que Voltaire ne dépensa de l'esprit pour étaler sa sottise. Le blasphème était arrivé, dans ces derniers temps, à l'état d'institution gouvernementale ; des feuilles étaient subventionnées dans le but de ridiculiser la charité et de la rendre odieuse, d'insulter le Pape que l'on traînait dans la boue, de détruire la croyance de nos pères.

Depuis un siècle , nous respirons un air saturé de malédictions et qui eût été intolérable aux âges de foi où la France était glorieuse dans la chrétienté.

Saint Louis, fier de son titre si humble de *premier sergent* de Jésus-Christ, ne supportait par les blasphémateurs. Ce grand prince, si zélé à faire respecter le nom de Dieu, put faire une longue absence, sans qu'aucune révolte vînt troubler ses Etats ; mais quand Dieu n'est plus révéré, quelle autorité domestique et civile a droit au respect? quel souverain pourrait aujourd'hui s'absenter sans perdre la couronne? L'homme funeste qui a mis le comble à nos iniquités, n'a pu le faire impunément plus d'un mois. Les représentants du pouvoir ont ce qu'ils méritent, et les peuples ne méritent plus d'avoir des autorités vraiment dignes de ce nom. Une société, si bonne soit-elle encore, qui tolère à ce point le blasphème, n'a plus droit qu'à une Providence vengeresse. Que peut-on faire quand on met le Tout-Puissant contre soi?

Quand on lit dans la Bible les menaces portées contre les contempteurs du saint Nom de Dieu, avec le récit des châtiments qui leur servent de sanction, s'il y a une chose qui étonne, c'est la patience et la longanimité avec lesquelles la France a été traitée depuis longtemps. Malgré le paratonnerre que lui fait la partie saine, si dévouée, si pieuse de ses populations, elle devait s'attendre à voir un jour tout se tourner contre elle, rien ne réussir, tout se disloquer dans son sein, ses ressources gaspillées misérablement ; à devenir la dérision des peuples, à voir sa honte s'accroître de l'inutilité de ses prodigieux efforts et de son héroïsme. Hélas ! hélas ! les prétendus sauveurs ont appelé à la rescousse la sottise et le blasphème personnifiés, Garibaldi, le grand, l'invincible Garibaldi !...

O France de saint Loüis, où es-tu tombée?

France du Cœur de Jésus, beau royaume de la Vierge Marie, attends ta délivrance des adorateurs de ce *Grand Orient*.

Qu'on nous permette d'emprunter à saint Paul le portrait des misérables qui nous oppriment, qui nous enveloppent dans leur ruine, et que nous n'avons pas le courage de réduire au silence.

« Sachez qu'aux derniers jours surviendront des
« temps périlleux.

« Il y aura des hommes amateurs de soi-même, cu-
« pides, ambitieux, superbes, *blasphémateurs*, rebel-
« les à leurs parents, ingrats, criminels, sans affection,
« sans repos, calomniateurs, dissolus, cruels, sans bé-
« nignité.

« Traîtres, effrontés, pleins d'eux-mêmes, plus ama-
« teurs des voluptés que de Dieu.

« Prenant parfois l'apparence de la piété, mais re-
« niant la pratique des vertus. Evitez-les. »

C'est ce que nous avons à faire. Il faut à tout prix que chacun dégage sa responsabilité, s'interdise la possession et l'achat des livres et des journaux impies, et, dans sa sphère modeste, use de toute son influence pour amener sa famille, ses amis, ses connaissances, au respect de Dieu, de son nom et de son culte.

Nous espérons qu'en des temps meilleurs, on en viendra à des manifestations expiatoires qui réconcilieront parfaitement la France avec son Dieu.

III.

Poursuivons l'aveu de nos torts. Imbus, dès l'enfance, de théories égalitaires, qui n'eurent jamais de fondement dans la nature, nous avons accepté de la Maçonnerie des lois aussi nuisibles à la multiplication des citoyens qu'à la conservation des fortunes. Mais on ne viole pas impunément une loi de la nature, sans provoquer d'autres violations. Une expérience assez longue, assez déplorable est là pour le démontrer. En limitant le droit de propriété, n'a-t-on pas gêné l'expansion de la vie, provoqué les unions à une infécondité volontaire et coupable ? .

Dieu nous garde d'insinuer que la tyrannie des lois soit une excuse légitime, mais la connaissance de l'égoïsme humain ne devait-elle pas faire prévoir ce triste résultat? Nul peuple, en Europe, n'est, sous ce rapport, aussi coupable que nous. Qui calculera les conséquences morales de cet état de choses? Qui trouvera trop sévère le châtiment de ce désordre par la faim, la maladie, les massacres, les défaillances? Ceux qui abdiquent la paternité dans la crainte de ses devoirs, de ses sacrifices, ont-ils bonne grâce à se plaindre qu'on ne défende pas la patrie avec plus de courage et d'abnégation ! Si donc notre mollesse, notre frivolité, notre sensualisme reçoivent une dure correction, sachons la mettre à profit : que le mariage cesse d'être profané parmi nous ; ne redoutons pas les conséquences d'un devoir noblement rempli et la bénédiction des anciens patriarches.

IV.

Les bornes d'un simple aperçu ne permettent pas de développement : nous ne ferons donc que rappeler les causes plus récentes qui ont dû hâter la punition nationale, parce que l'Eglise et son chef devenaient victimes de nos folies.

En 1848, la France catholique contraignit le pouvoir de revendiquer sa mission dix fois séculaire de protéger la Papauté. Ce devoir de piété filiale rempli d'assez mauvaise grâce valut au futur Empereur une confiance et une gratitude peu méritées, mais habilement exploitées, indignement trompées... Mais la France, trahie en 1859, est-elle excusable, puisqu'elle n'a pas usé du moyen légal de protestation qui lui restait dans le suffrage universel. Qui ne dit rien, ou ne réclame pas assez, consent, ratifie, ou du moins ferme les yeux. Tant pis pour nous, on peut nous imputer ce qu'on a fait en notre nom, les suites de la trame ténébreuse qui, depuis les entrevues de Plombières et de Chambéry, ont couvert l'Italie d'intrigues, de trahisons, d'usurpations sacriléges, d'attentats à tout les droits divins et humains. Nous avons sciemment sacrifié notre or, notre sang, notre honneur à faire l'Italie de Mazzini — Cavour — Victor-Emmanuel — Garibaldi — Napoléon. Recueillons ce que nous avons semé là-bas. Plaise à Dieu que nous n'ayons pas à subir tout le mal que nous y avons protégé! que nous ne soyons pas réduits à l'état déplorable où nous avons abandonné des princes dépossédés, surtout le vénérable, le bien-aimé Pie IX, qui n'a cessé de bénir, d'aimer la France, et de lui pardonner! Où s'arrêtera la rétribution? Les désastres de Wissembourg, de Wœrth, de Sedan, de Metz, de Paris, ne sont-ils pas l'écho vengeur de Chambéry, Castelfidardo, de la convention de Septembre, de la dernière invasion du patrimoine de saint Pierre, et d'autres injustices criantes? Les calculs ont été faits, les dates comparées, les coïncidences publiées. Quant à l'auteur principal de ces félonies, il reçoit son châtiment, le mépris le suit jusque dans son infortune. Il a trahi la France et l'Eglise; il s'est trahi lui-même par son imprévoyance et par une basse rancune contre Paris qui ne voulait plus de lui. Pauvre Paris, ton calice n'est pas encore épuisé, tu ne sais pas encore tout ce que te coûtera la désolation et la profanation de Rome. Dieu ne *passe* jamais à *l'ordre du jour* sur de pareilles scélératesses, quoi qu'en ait dit M. Dupin en plein sénat, et aux applaudissements de la majorité.

Quand le mal a été fait, nous nous en sommes interdit la réparation en proclamant un principe de circonstance, la *non-intervention.* Que les inventeurs de cette habile politique se félicitent maintenant de leurs finesses, en attendant que l'Europe apitoyée nous tende la main.

Mais si nous avons refusé d'intervenir, pour arrêter des brigands qui s'avançaient presque à l'ombre de notre drapeau, que n'avons-nous du moins suivi le même principe au concile?... On comprendra que le moment n'est pas venu de toucher à cette question délicate. Ceux qui voulaient *sauver* l'Église en la constituant sur des bases plus conformes à l'esprit moderne, ceux qui en voulaient remontrer à l'assemblée œcuménique et au Vicaire de Jésus-Christ, ceux-là ont eu leur part à l'expiation commune. Nous ne montrerons donc pas ici le doigt de Dieu à ceux qui n'auraient pas su l'apercevoir.

Quant aux victimes de tout ce qui s'est fait depuis tant d'années, qu'elles se hâtent de protester de leur dévouement et de leur fidélité à l'Église véritable et de leur amour pour son chef. Qu'elles se rappellent que le seul moyen de relever un peuple, c'est la justice.

« La justice, dit le sage, élève les nations, le péché « les rend malheureuses. »

O France, il faut que ton Dieu t'aime bien tendrement pour te châtier et te purifier à ce point!

O race privilégiée dans le monde nouveau, nation longtemps comblée des bienfaits de Dieu, peuple jadis honoré, redouté, envié des autres peuples, ton ingratitude est sans nom ! heureusement, tes fils ne sont pas tous des enfants de Bélial.

« O Gaulois insensés, disait saint Paul à une colo- « nie de vos pères, qui vous a donc fascinés, qui vous « détourne de la vérité ? Jésus-Christ qui vous a été « donné pour roi, sera-t-il donc crucifié parmi vous ? « Votre folie est telle, que vous commencez par l'esprit « et que vous finissez par la chair.

« Est-ce donc sans justice que vous avez souffert « tant de maux ? » (*Gal.* iii, 1.)

Pauvre Français, toi si bon, si généreux, si droit, qui t'a donc abusé ? Ne vois-tu pas s'ourdir contre toi une trame ténébreuse ? des corrupteurs se liguer pour te nourrir de mensonges, t'amuser et te perdre ? Tu es encore une entrave à de sinistres projets, la Révolution n'ayant pu se servir de toi comme elle y comptait, veut t'écraser et t'anéantir (1). Vois maintenant: si tu ne veux plus être le fils aîné de l'Église, ta mère

---

(1) D'après une indiscrétion recueillie *hors d'Europe*, le partage de l'ancien monde entre la Prusse et la Russie serait un projet de l'arrière-ban des sociétés secrètes. On ferait ensuite dévorer les deux empires l'un par l'autre, afin d'arriver à l'unité révolutionnaire. Nos maçons de France seraient-ils dupes ou complices?

tendre jusqu'à la partialité ; si tu préfères te procla-mer fils de 89 et de la Révolution, vois, pauvre Fran-çais, ce qu'il t'en coûte. Suppute, si tu le peux, le prix de ton apostasie. Quand te réveilleras-tu pour repous-ser les artisans de ta ruine et de ta honte ? Espère, puisque tu gênes encore l'enfer dans ses noirs complots. Mais hâte-toi de congédier les maîtres de pestilence qui pervertissent tes enfants nés pour un avenir pros-père, et pour te venger glorieusement.

O malheur ! tu as donné à ces pauvres enfants des maîtres qui leur apprennent à rougir de toi, de tes gloires les plus pures, de tes traditions antiques, de ton Dieu.

O trois fois malheur ! un homme de mal est sorti de ton sein, payé par ceux qui te gouvernaient ; il a quitté ton sol jadis arrosé du sang des martyrs et des braves, il s'en est allé en Terre-Sainte et sur le Cal-vaire conquis autrefois par la pieuse vaillance des Croisés, tes pères ; il a écrit la *Vie de Jésus !*...

Et cet homme qui sent déjà la foudre et le soufre, a fait une *bonne affaire !*... Il a reçu des misérables qui te ruinaient, en se moquant de toi, le prix de son blasphème.

Paris l'a *gratifié.*

Les derniers événements de Paris, loin de changer nos appréciations, les confirment et aggravent nos pres-sentiments pour l'avenir d'une ville que de pareilles épreuves ne ramènent pas au bon sens, à la simple sagesse païenne, aux principes constitutifs de l'ordre purement social. Que faut-il attendre d'une ville im-mense qui se fait représenter à la face du monde par une démagogie fanatique et lui donne tous les vingt ans le spectacle de luttes fratricides ?

V.

Mais détournons nos regards de cette plaie peut-être incurable qui vient de se révéler au cœur de la France Si nous ne voulons en être irrémédiablement infectés tôt ou tard, hâtons-nous de recourir aux remèdes qui s'offrent d'eux-mêmes comme conclusion pratique de cet aperçu.

1° Il nous faut dans l'ordre politique un *Chef Chrétien* qui comprenne les destinées de la France, afin de ne plus la dévoyer comme on le fait depuis trop longtemps. Il nous faut un Chef qui nous gouverne avec une fermeté paternelle et qui se fasse respecter en respectant lui-même tous les droits légitimes. Ce chef, il faut le demander à Dieu, s'en rendre digne et faciliter son avénement par tous les moyens dont chacun peut disposer.

2° Il est urgent que tout le monde observe la *loi du Dimanche*. Les pères et mères de famille peuvent en obtenir la sanctification : les maîtres et les chefs d'ateliers, sauf de rares exceptions, peuvent au moins exiger le repos matériel, la simple pratique de la lettre. Il ne faut qu'un peu de bonne volonté pour arriver promptement à ce résultat.

3° Il faut déclarer une guerre implacable au blasphème sous toutes ses formes. Les armes offensives de cette guerre, ce sont d'abord l'amendement personnel, ensuite les avertissements charitables qu'autorise l'amitié.

4° Il faut que le mariage redevienne chrétien.

5° Mais il ne suffit pas de redonner la vie à notre pays en multipliant ses enfants : il faut élever avec une tendre sollicitude l'élément de notre régénération sociale, car nous aurons un jour les citoyens que nous aurons formés. Veillons donc scrupuleusement au choix des maîtres que nous donnons à l'enfance,

L'Université, création de l'Empire et de la Révolution, l'Université, instrument de la tyrannie politique et religieuse ; l'Université a puissamment contribué à nous faire ce que nous sommes. Qui le niera ? Il faut ou s'en affranchir, ou la réformer, ou l'abolir. Tout ce que l'on tenterait sans tarir cette source empoisonnée, serait inutile. Donc éducation vigoureuse, enseignement chrétien.

Les autres causes de nos malheurs, indiquées précédemment, trouveront leur remède prompt et efficace dans le gouvernement qui réparera toutes les injustices de ses prédécesseurs.

Un mot résumera toute notre pensée : la France ne se relèvera que par un sérieux retour à la religion de ses pères et à ses pratiques. Elle a presque banni Notre-Seigneur Jésus-Christ de sa politique, de ses lois, de son enseignement officiel, elle doit les rappeler, ou sinon elle subira une sorte de malédiction analogue à celle qui pèse sur la race juive ; elle ne sera plus l'instrument de Dieu dans le monde, elle perdra son rang glorieux parmi les nations.

Mais nous ouvrirons les yeux et la lie du calice nous sera épargnée.

Lyon, imp. J. Rossier, rue Mercière, 47.